W0188570

DON BOSCO
VERLAG

Elli Michler

Ich wünsche dir ein frohes Fest

Gedichte und Geschichten zur Weihnachtszeit

Don Bosco Verlag

Die Deutsche Bibliothek – CIP-Einheitsaufnahme

Michler, Elli :
Ich wünsche dir ein frohes Fest : Gedichte und Geschichten zur Weihnachtszeit /
Elli Michler.
– 1. Aufl. – München : Don-Bosco-Verl., 1994
  ISBN 3-7698-0786-3

1. Auflage 1994 / ISBN 3-7698-0786-3
© by Don Bosco Verlag, München
Fotos: Barbara Michler, Heilbronn
Umschlagfoto: IFA-Bilderteam – Digul
Lithos: Rahn Reprotechnik, Nürnberg
Gesamtherstellung: Salesianer Druck, Ensdorf

Der Umwelt zuliebe gedruckt auf chlorfrei gebleichtem Papier.

Inhaltsverzeichnis

Einführung

Zwischen dem nostalgisch-sentimentalen Festhalten an einer Weihnachts-Tradition, die nur noch hauptsächlich in Kindheits-Erinnerungen besteht, und der Geringschätzung des Festes als Geschäftemacherei gilt es in unserer heutigen Zeit in ganz besonderem Maße, wieder einen echten Zugang zum Weihnachtsfest zu finden. Wer das Fest nur zum Anlaß nimmt, durch mehr Konsum und durch Überbewertung von Geschenken, durch mehr Freizeit und durch Gefühls-Kitsch sich oberflächliche Freuden zu verschaffen, hat Weihnachten sicherlich nicht richtig verstanden.

Vor dem Hintergrund der erdrückenden Probleme unserer unheilen Welt, die die Menschen der Gegenwart in Angst und Unruhe versetzen, ist es ein geradezu rettender Gedanke, das Geheimnis, das sich im schönsten unserer Feste verbirgt, neu zu entdecken. Es ist das Geheimnis der Menschwerdung Gottes. Ihm nachzuspüren bedeutet nicht nur das Aufleuchten neuer Hoffnung und Zuversicht als Licht in dunkler Zeit, nach dem wir uns sehnen, es bedeutet vor allem auch den unmittelbaren Zufluß jener Kraft, die wir so dringend benötigen, um aus unserer Schuld und Verstrickung in der durch uns selbst unheil gewordenen Welt wieder herauszufinden durch Rückbesinnung auf unsere eigene Menschwerdung.

Die vorliegenden Texte wollen unsere Begleiter sein auf unserem Weg durch die Weihnachtszeit; sie wollen uns Anstöße geben und unser Inneres aufschließen, damit die Freude wieder in uns wachsen kann, die unsere Ängste besiegt und die wir mit anderen zu teilen bereit sind.

Alle Texte dieses Buches sind hier zum erstenmal veröffentlicht – bis auf drei: „Vier Kerzen" ist entnommen aus „Dein ist der Tag" (S. 49), „Über die Kunst des Schenkens" aus „Vom Glück des Schenkens" (S. 44), „Ich wünsche euch ein frohes Fest" aus „Dir zugedacht" (S. 44).

Die Gedichte und Geschichten, durch die in diesem Buch ein Bogen gespannt wird über die gesamte weihnachtliche Zeit vom Beginn des Advents bis zum Dreikönigs-Tag, wobei auch die Jahresschluß-Betrachtungen mit den Weihnachtsgedanken verknüpft werden, sind alle mehr oder weniger nur verschiedene Variationen zum Thema „Gebt der Weihnacht neuen Sinn!" Das ist eine Sinngebung, wie sie sowohl in der tröstlichen Botschaft des Engels: „Fürchtet euch nicht!" enthalten ist als auch in der schon vor langer Zeit ausgesprochenen und heute wieder besonders dringenden Mahnung des schlesischen Dichters Angelus Silesius:

„Wird Christus tausendmal zu Bethlehem geboren
und nicht in dir, du bleibst doch ewiglich verloren."

E.M.

Im Vertrauen auf den Stern

Mitten in der dunklen Zeit,
die mit Not und Leid beladen,
gibt ein Stern uns sein Geleit
voller Licht und voller Gnaden.

Nach dem Stern, der ausersehn,
über unser Heil zu wachen,
daß wir gegenseitig uns verstehn,
laßt uns auf die Suche machen!

Diesem Stern gilt unsre Bitte:
Fort aus der Verirrung Schaden
führ' uns wieder hin zur Mitte,
weihnachtlich auf stillen Pfaden!

Barbarazweig

Einen Kirschbaumzweig aus dem Eiswind geschnitten
und inmitten der Stube ihn aufgestellt,
wo er Wärme und Wasser und Wohnrecht erhält,
beschützt und behütet, umhegt und geliebt,
daß der Trieb nicht ermüdet
und daß er die Trennung vom Baum uns vergibt,
jeden Tag still gewartet, gehofft und gebangt,
Unmögliches sehnlichst von ihm verlangt –
und dann plötzlich entzückt,
wie ein Kind so beglückt,
wie im Frühling gelaunt,
einfach sprachlos gestaunt,
welche Wunder es gibt.

Im Widerschein des Lichts

Die schönste Kerze
leuchtet nicht aus sich allein,
wenn *wir* ihr nicht die Nahrung geben.
Sie muß von uns bereitet sein,
geformt, um in die Höh' zu streben,

in sich zu ruhn in Festigkeit,
um Kraft zu bergen in Gestalt des Schönen,
zur Hingebung für uns bereit
als Friedensmahnung zum Versöhnen,

bevor sie sich, uns zugekehrt,
auf ihre warme, sanfte Weise
im Leuchten ganz für uns verzehrt,
ihr Licht verbreitend rings im Kreise. –

Sie braucht das Wachs aus unsrer Hand,
und *wir* bedürfen ihres Lichtscheins heller Gaben.
Das In-die-Flamme-Schauen unverwandt
steckt unser Innerstes als Nehmende in Brand,
nur wenn wir gebend an dem Leuchten Anteil haben.

Engel des Friedens

Engel des Friedens,
so lang schon vermißt,
komm und sei nah uns
zum Heiligen Christ!
Blind ist die Welt ohne Liebe.
Engel des Friedens,
wir müßten verzagen,
gäbst du uns Mut nicht,
die Umkehr zu wagen.

Halte den Haß
und die Feindschaft im Zügel,
Engel des Friedens!
Im Schutz deiner Flügel
laß uns beschreiten
den Weg des Erbarmens
und sanfter Geduld.
In der Gewißheit deines Umarmens
liegt unsere Rettung:
das Ende des Streitens,
die Tilgung der Schuld.

Weihnachten – einst und jetzt

Früher, als die Leute noch weniger
Ansprüche hatten,
da stellte nicht jedes Geschenk
gleich ein anderes weit in den Schatten.

Früher, als sich die Menschen
noch viel mehr freuen konnten,
kamen Honig und Nüsse
noch nicht aus dem täglich Gewohnten.

Früher, als das Licht auf dem Baum
kein elektrisches war,
fiel vom Kerzenschein Glanz
in die Augen und machte sie klar.

Früher, als die Kinder dem Christkind
noch Briefe schrieben
und Puppen sich wünschten,
statt nur den Computer zu lieben,

früher, als nicht schon seit Mitte September
der Christstollen lag auf dem Supermarkt-Tisch
und der Tannenbaum in seinem eisernen Ständer
nach Waldluft noch duftete, sauber und frisch,

früher, als noch die Buben,
für schlimmes Gebaren
von Ruprecht gezogen an Ohren und Haaren,
sich baldigst zu bessern gedachten...

das war noch ein schönes,
ein frohes Weihnachten!

Vier Kerzen

Eine Kerze für den Frieden,
die wir brauchen,
weil der Streit nicht ruht.

Für den Tag voll Traurigkeiten
eine Kerze für den Mut.

Eine Kerze für die Hoffnung
gegen Angst und Herzensnot,
wenn Verzagtsein unsren Glauben
heimlich zu erschüttern droht.

Eine Kerze, die noch bliebe
als die wichtigste der Welt:
eine Kerze für die Liebe,
voller Demut aufgestellt,

daß ihr Leuchten den Verirrten
für den Rückweg ja nicht fehlt,
weil am Ende nur die Liebe
für den Menschen wirklich zählt.

Gebt der Weihnacht neuen Sinn!

Ich möchte euch gern von der Weihnacht berichten
und lese aus jenem alten, vergilbten Heft
von damals die wunderbaren Geschichten.
Doch heute, so sagt ihr, da stünde es schlecht.

Ich wehre mich gegen moderne Klagen,
die Weihnacht sei nichts als Geschäft.
Ihr braucht nach dem richtigen Weg nur zu fragen,
damit ihr den leuchtenden Stern wieder trefft.

Ihr müßt nur den Weihnachtsgedanken tragen
als Zuflucht den Zweifelnden hin,
ihr müßt es nur lernen, wieder zu wagen,
der Weihnacht zu geben den Sinn!

Weihnachts-Wunschzettel

Liebes Christkind, sei so lieb,
bring uns keine Gaben,
die es auch im Kaufhaus gibt,
weil wir die schon haben.

Bring uns mehr Verbundenheit,
schenk uns Ruhe, Einkehr, Rast,
nur ein kleines bißchen Zeit
statt der Eile und der Hast.

Bring uns keine Pfefferkuchen,
die bei uns verderben,
während andre Nahrung suchen,
Hunger leiden und dran sterben.

Schenk uns eine harte Nuß,
die wir knacken müssen.
Weich macht uns der Überfluß,
wenn wir nichts vermissen.

Bring uns Mut und Tapferkeit,
Wahres laut zu sagen
und des andern Not und Leid
liebend mitzutragen.

Bring uns einen Tannenbaum
aus gesundem Walde.
O welch schöner Weihnachtstraum,
Christkind, komm doch balde!

Sehnsucht nach dem Licht

Es ist das Licht,
von dem du weißt,
es braucht noch eine lange Zeit,
um gegen Finsternis zu kämpfen.
Und dennoch steht es schon bereit,
um sanft uns alles Leid zu dämpfen:
das Licht, das uns den Tag verheißt.

Es ist das Licht,
nach dem – der Pflanze gleich –
sich unsre Sehnsucht drängt,
das Licht, das überm Schattenreich
zu unserm Schutze hängt.

Es ist das Licht,
das unsre Angst vertreibt
und sie in Kraft verwandelt,
das leuchtend sich verschenkt
und gegen die Verzweiflung handelt,
damit uns dennoch Hoffnung bleibt.

Die Geschichte vom Weihnachtsengel

Jedes Jahr um die Weihnachtszeit herrscht bei den Engeln im Himmel gespannte Erwartung, wer von ihnen wohl dieses Mal als Weihnachtsengel zu den Menschen auf die Erde kommen dürfe.

Schon viele von ihnen waren ausgesandt worden: der Engel des Friedens, der Engel der Liebe, der Gerechtigkeit, der Sanftmut, der Stille und viele andere mehr. Doch alle kehrten sie, wenn das Fest auf der Erde vorüber war und die Menschen weiterlebten wie bisher, immer sehr traurig zurück, weil ihre Botschaft nicht wirklich angenommen worden war.

„Dieses Mal", sagte der Herr, „muß es ein Engel sein, der seine Mission besonders ernst nimmt: Er soll die Menschen lehren, sich gegenseitig zu verstehen und einander zu verzeihen."

Da trat einer hervor, der bisher übersehen worden war, denn er war klein und schmächtig, aber doch mutig und voll Hoffnung. „Ich will es versuchen", sagte er. Der Herr hatte Vertrauen zu ihm und sandte ihn hinab zur Erde.

Wie lange wird es wohl dauern, bis er dort ankommen wird?
Es war der Engel der Versöhnung.

An die Kerze

Ich lege beide Hände
still um dein Lebenslicht
so wie zwei feste Wände,
damit der Wind es nicht zerbricht,

damit das Feuer nicht verglimme,
wenn dir das Wachs die Nahrung schafft.
Und während ich die Finger um dich krümme,
such' ich dir einzuhauchen meine Kraft.

Ich bin wie deine Amme
und sorge für die Ruh'.
Ich hüte nur die Flamme,
die Wärme spendest du.

Ich halte nur die Wache.
Die Liebe läßt's geschehn,
daß in geheimer Sprache
wir beide uns verstehn.

Fragen zum Weihnachtsfest

Wird nicht das Weihnachtsfest, wo ihr es trefft,
nur noch mißbraucht als ein großes Geschäft?

Warum wird die Weihnacht nicht abgeschafft?
Weil wir sie brauchen als stärkende Kraft.

Warum ist die Weihnacht noch immer nicht tot?
Weil sie uns schützt vor der inneren Not.

Warum schafft sie Frieden, bewirkt Hamonie?
Weil sie viel mehr ist als nur Nostalgie.

Weil uns noch heute der Weihnachtsbericht
mit Hoffnung erfüllt und mit Zuversicht.

Lichtgedanken

Siehst du dort den Lichterbogen
vor das Fensterkreuz gestellt,
weißt du: Du bist einbezogen
in die Sehnsucht einer Welt,

die des Friedens Lichtgedanken
ruhelos in sich bewegt,
während sich die Feinde zanken,
immer wieder Hoffnung hegt.

Christrose

In die Welt der Dunkelheiten
sind wir Menschen tief gestürzt.
Doch die kleine weiße Blüte,
die das Warten uns verkürzt,
will uns leise vorbereiten
auf das Wunder, daß die Güte
Gottes uns nicht fallen läßt.
Sie verspricht des Kindes Huld
jenen, die das Weihnachtsfest
still ersehnen voll Geduld.

Geheimnis der Weihnacht

Wenn es das Weihnachtsgeheimnis nicht gäbe,
wie wäre sie arm, unsre nüchterne Welt!
Bei aller Geschäftigkeit spräche
am Ende nur immer das Geld.

Wenn es das Weihnachtsgeheimnis nicht gäbe,
wie bliebe sie leer, die verweigerte Hand!
Ohne Geben und Nehmen weilten wir träge
im steinernen Land.

Wenn es das Weihnachtsgeheimnis nicht gäbe,
Vertrauen zum Licht, das die Nacht uns erhellt
und uns leitet auf einsamstem Wege,
wie wäre es schlecht um uns Menschen bestellt!

Wenn es das Weihnachtsgeheimnis nicht gäbe,
wie es ein Kind uns voll Staunen beschreibt,
wie brächten wir es noch nach Jahren zuwege,
daß uns die Freude am Weihnachtsfest bleibt?

Das Krippenspiel

Als die Rollen für das Krippenspiel verteilt waren, das zu Weihnachten in der Schule aufgeführt werden sollte, schlich ich mich traurig nach Hause. Fest hatte ich damit gerechnet, die Maria spielen zu dürfen, konnte die Rolle bereits auswendig und fühlte mich ganz als die besondere, die auserwählte Frau.Und nun diese Enttäuschung: Ich war nur ein kleiner Hirte auf dem Felde. „Du wirst dich damit abfinden müsen", sagte meine Mutter, „es ist gar nicht gut, immer nur die Hauptrolle spielen zu wollen im Leben. Glück sollte man nicht nur für sich selbst wünschen, sondern es auch den anderen gönnen."

Als die Proben begannen, kam ich jedesmal mit einer anderen Klage nach Hause: „Als Hirtenknabe habe ich nur einen einzigen Satz zu sprechen", brummte ich. Und meine Mutter sagte: „Es kommt nicht darauf an, *was* du tust, sondern *wie* du es tust."

Das nächste Mal meinte ich, daß ich den Hirtenknaben sowieso nicht spielen könne, denn ich sei ja ein Mädchen und kein Junge. Aber meine Mutter wußte auch hierauf wieder eine Antwort: „Keiner von uns ist nur Mädchen oder Junge, sondern in erster Linie ein Mensch. Und nur *so* mußt du die Sache betrachten." Noch viele andere Zweifel wußte mir meine Mutter in den folgenden Wochen zu zerstreuen und mich auf wunderbare Weise zu ermutigen.

Endlich war der Tag der Aufführung gekommen. Und da ich während der vorausgegangenen Zeit so viel dazugelernt hatte, konnte ich im Gegensatz zu meinen aufgeregten Mitspielern dem Abend mit Ruhe entgegensehen. Die Spielleiterin aber rannte verzweifelt umher, denn ihre Hauptdarstellerin war plötzlich erkrankt.

Wer sollte denn nun ihre Rolle übernehmen?

So wurde ich überraschend dann doch noch die Maria. Und da ich inzwischen meinen Hochmut verloren hatte, spielte ich sie nicht als die besondere, die auserwählte Frau. Ich gab ihr auch nicht nur den gewöhnlichen jung-fräulichen Liebreiz, die weibliche Anmut, sondern ver-lieh ihr auch ein Stückchen jener verhaltenen männli-chen Kraft des demütigen Hirten auf dem Felde, der noch in mir schlummerte. Und da die behutsamen Leh-ren meiner Mutter im Lächeln der Maria mitschwangen, kam es wohl zur Verkörperung des mütterlichen Wesens schlechthin. Meine Maria war eine starke Frau.

Weihnachtswunsch

Himmelsbote, komm und bring
uns, die wir vor Sehnsucht brennen,
das, was uns verlorenging,
was wir lange nicht mehr kennen:
Ruhe, Frieden, stille Zeit,
Freude an den kleinen Dingen.
Gerne sind wir dann bereit,
hell im Chor mit dir zu singen,
wenn an deinem Sternenkleid
goldne Flügel schwingen.

Im Schutz der Engel

Engel, die auf Wolken thronen
in verklärter Herrlichkeit,
die nur lächeln auf Ikonen,
rätselhaft im goldnen Kleid,

stehen unsrer Zeit zu fern.
Statt nach Art der schönen Elfen
sollt ihr, Engel unsres Herrn,
zu uns kommen, uns zu helfen

mit der Kraft, die wir vermissen.
Bleibt mit eurem Schutz uns nah!
Wir ertragen, was wir müssen,
wenn wir wissen, ihr seid da.

Gedanken vor dem Fest

Zu Weihnachten sind unsre menschlichen Träume
nicht nur bezogen auf Weihnachtsbäume,
auf die Gabenfülle, den Tisch, der bereit;
zu Weihnachten sehnen wir nicht nur ganz stille
uns wieder zurück in das Kinderkleid:
Zu Weihnachten gilt nur der gute Wille
und alles, was wir zu tun sind bereit.

Die Geschichte vom Engel ohne Flügel

In der letzten Adventswoche versammelten sich, wie jedes Jahr, die Weihnachtsengel im Himmel vor ihrem gemeinsamen Abflug zur Erde. Einer von ihnen hatte seine Flügel verloren und war nun sehr traurig darüber, daß er nicht mit auf die Reise gehen konnte. Da sagte der liebe Gott zu ihm: „Geh deinen Weg mit kleinen Schritten, und du wirst dein Ziel erreichen!"

Der Engel tat, wie es ihm geheißen wurde. Der Weg erschien ihm zwar recht lang und sehr mühsam. Aber dafür war er reich an wunderschönen Erlebnissen und Begegnungen mit all den vielen kleinen Dingen, die er sonst beim Überfliegen gar nicht bemerkt hätte.

Als er auf der Erde ankam, war er zu seinem Erstaunen auch noch der erste am Ziel, da sich die anderen Engel wegen ihres zu schnellen Flugs mehrmals verirrt hatten und zum wahren Ziel erst auf Umwegen gelangten.

So empfand er Dankbarkeit und große Freude und konnte davon genau so viel weitergeben, wie man es von einem wirklichen Weihnachtsengel erwartete.

Einmal im Jahr

Wenn nur einmal im Jahr
für dich Weihnachten ist,
dann bist du fürwahr
noch kein rechter Christ.

Wenn du einmal im Jahr
deine Hand reichst und gibst,
dann heißt das noch nicht,
daß du wirklich liebst.

Und doch: Einmal im Jahr
ist vielleicht schon viel,
ist ein mutiger Schritt
auf dem Weg hin zum Ziel.

Stern der Weihnacht

Deine milden Strahlen leuchten
über die bedrängte Welt.
Wenn sie Krieg und Not verscheuchten,
wär' es gut um uns bestellt.

Wenn sie uns Erkenntnis brächten,
was wir tun und lassen möchten,
käm' uns Trost aus deinem Licht,
weinten in den dunklen Nächten
angstbeladne Menschen nicht.

Licht in der Weihnachtszeit

Licht der Weihnacht, laß uns hoffen
auf ein wenig Helligkeit.
Über uns hereingebrochen
ist das Unheil unsrer Zeit:

Habgier, Streit und Ungeduld,
die täglichen Geschäfte
vermehren doch nur unsre Schuld,
verzehren unsre Kräfte.

Dunkelheit macht uns beklommen,
Angst beherrscht ringsum das Feld.
Eine kleine Schar von Frommen
sich der Zeit entgegenstellt.

Licht der Weihnacht, laß uns hoffen
auf ein wenig Menschlichkeit.
Uns zu ändern steht uns offen,
sind wir nur dazu bereit.

Über die Kunst des Schenkens

Das Schenken ist nicht aus der Mode.
Im Gegenteil: Man schenkt zuviel.
Und alles kommt in die Kommode,
fehlt dem Geschenk der rechte Stil.

Auch schenken muß man mühsam lernen,
die Kunst ist reichlich diffizil.
Und beim Geschenkpapier-Entfernen
darf man sich denken, was man will.

Drum sollte jeder darauf achten,
der freundlich ein Geschenk erwägt:
Erkennbar wird schon beim Betrachten,
wie der Geschmack die Gabe prägt.

Fabel vom einsamen Tannenbaum

Ein etwas krumm gewachsener Tannenbaum stand zur Weihnachtszeit im Walde und hatte einen schönen Traum: Er sei auf einen Wagen geladen und in die große Stadt gefahren worden, wo man ihn mitten auf dem Weihnachtsmarkt aufgestellt habe. Dort dürfe er nun, lichtergeschmückt, unter all den vielen fröhlichen Menschen stehen, vom Duft der Lebkuchen und des Glühweins umgeben und von der Herrlichkeit vieler kleiner glitzernder Sterne.

Als der Tannenbaum aus seinem Traum erwachte, sah er sich plötzlich ganz alleine stehen. Alle seine Freunde um ihn herum waren auf den Wagen geladen und in die Stadt gefahren worden. Ihn aber hatte man verschmäht, übergangen, der Einsamkeit überlassen. Darüber war er sehr traurig, und er begann zu frieren. Da legte die Nacht ihren Mantel um ihn und sprach:
„Tröste dich, einsamer Baum! In der Stadt herrscht nur das Gedränge, der Lärm und die Unrast. Und die vielen bunten Sterne sind nur das Geflimmer und Geglitzer der Leuchtreklamen. Den wirklichen Weihnachtsstern aber würdest du in dem viel zu grellen Licht wohl kaum erkennen können. Deine Freunde müssen ihren kurzen Rausch mit dem Verlust ihrer Wurzeln bezahlen. Du aber freue dich deines festen Stands in der Erde und blicke getrost zum Himmel hinauf!"

Der Tannenbaum tat, wie es die Nacht ihn geheißen hatte. Wahrhaftig, da sah er ihn, den wundersam milden Schein des goldenen Lichts, das nur jenen sichtbar wird, die im Dunkeln stehen.

Da verlor der Tannenbaum seine Angst, und dabei wurde es ihm ganz warm ums Herz. Und während die Stille ringsum ihren Frieden ausbreitete, feierte er ganz allein mit dem Stern eine frohe, gesegnete Weihnacht.

Weihnachtskerzen

Kerzen auf vertraute Weise
zwischen grünem Baumgeäst,
Gott zum Lobe und zum Preise,
der es Weihnacht werden läßt.

Kerzen, welche sanft bezwingen
unsre Eile, unsre Hast,
wird es sicherlich gelingen,
uns zu nehmen unsre Last,

uns zu mahnen, diese Stunde
nicht wie andre zu vertun,
auf der alten Weihnachtskunde
nicht behäbig auszuruhn,

sondern neu beim Licht-Anzünden
stillen Wunders Widerhall
tief im Herzen zu empfinden
wie die Hirten einst im Stall.

Ich wünsche dir zum Weihnachtstag ...

Ich wünsche dir zum Weihnachtstag
nicht nur die Kerzenstunde
nach der vorausgegangnen Müh und Plag,
ich wünsch' dir, daß dein Herz gesunde
und daß die Freude es vermag,
dich aus der Not der Zeit zu führen,
um durch des Engels Flügelschlag
den Hauch der Hoffnung neu zu spüren.

Fabel von der widerspenstigen Christbaumkerze

Zwölf kleine Christbaumkerzen lagen in ihrer Schachtel dicht nebeneinander und freuten sich die ganze Adventszeit hindurch auf das nahende Weihnachtsfest. Nur eine von ihnen konnte die Freude nicht so recht mitempfinden. „Wie töricht ihr seid", sagte sie zu ihren Kerzenschwestern, „euch auf jenen Tag zu freuen, der doch euer sicheres Ende bedeutet! Besser wäre es wohl, ihr würdet so wie ich versuchen, diesem Unheil zu entrinnen, solange es irgend geht."

Und wirklich: als der Heilige Abend gekommen war und die kleine Christbaumkerze an den Tannenbaum gesteckt werden sollte, gebärdete sie sich überaus widerspenstig. Sie wackelte auf ihrem Kerzenhalter hin und her, wollte und wollte nicht geradestehen und erlaubte ihrem Docht auf keine Weise, die kleine Streichholzflamme anzunehmen, die das Feuer an ihn weitergeben wollte. Sie weigerte sich so lange, bis die junge Frau, die den Christbaum schmückte, die Geduld verlor und die kleine Kerze wieder zurück in die Schachtel legte.

Dort aber lag sie nun in großer Einsamkeit, denn alle die anderen kleinen Kerzen waren der Einladung des Tannenbaums mit Freude gefolgt und steckten inzwischen an seinen herrlich duftenden Zweigen zwischen silbernen Kugeln und glitzernden Sternen, von schimmernden Perlenketten umgeben und von Engelsflügeln umschwebt. Vor Staunen wagten sie sich nicht zu bewegen, und ihr Glück, an all dieser Herrlichkeit teilhaben zu dürfen, war so groß, daß es nur noch einer kurzen Berührung mit der kleinen Streichholzflamme bedurfte, um ihr Innerstes in Brand zu setzen.

Auf wunderbare Weise spiegelten sich ihre kleinen Flammen in den großen silbernen Kugeln und vermehrten noch deren Glanz. Und während es überall leise knisterte und flammte, wurde es immer wärmer und heller um sie herum. Daß sie den großen Tannenbaum durch ihre kleine, leuchtende Gestalt in einen Christbaum zu verwandeln vermochten, kam ihnen vor wie ein Traum. Aber in dem Augenblick, als sie den Gesang der Weihnachtslieder vernahmen, wußten sie: dies konnte kein Traum sein. Im Gegenteil, was sie jetzt erfahren durften, das war erst ihr eigentliches, wirkliches Leben, von dem sie vorher noch gar keine Ahnung hatten und von dessen Lust und Daseinsfreude sie erst etwas zu spüren bekamen, seit die Flammen sie verzehrten. Ihr langsam schmelzendes Wachs verströmte einen so wunderbaren Duft, daß sie gar nicht merkten, wie es immer weniger und weniger wurde. Eine leise Ahnung stieg zwar in ihnen auf. Aber wie hätte der Gedanke an ihr nahendes Ende sie jetzt noch schrecken können, da ihnen durch ihre Hingabe ein Leben in Fülle, in Jubel und Freude zuteil geworden war?

Die kleine widerspenstige Christbaumkerze aber mit der großen Angst vor dem Sterben lag in ihrer Schachtel und war trauriger denn je. Eigentlich war sie noch nie eine wirkliche Kerze gewesen, nur ein stumpfes, glanzloses Stückchen Wachs, ohne Leuchten, ohne Wärme, ohne Sinn. So blieb ihr nur die Hoffnung, daß auch sie eines schönen Weihnachtstages doch noch das wahre und wirkliche Leben werde erfahren dürfen.

Weihnachtsglocken

Hoffnung und Freude
gegen den Kummer getauscht,
Erlösung vom Leide
für den, der jetzt lauscht
den Glockengesängen
voll brausender Macht,
den jubelnden Klängen
zur Mitte der Nacht,
der Botschaft des Friedens
für den, der sie hört,
zur Allmacht des Liebens,
zur Weihnacht bekehrt.

Ich wünsche euch ein frohes Fest

Ich wünsche euch ein frohes Fest
mit Schnee und Sternennächten –
und statt des Plastikbaumes einen echten
mit roten Äpfeln im Geäst.

Ich wünsche euch ein frohes Fest
in heimischen Gemäuern,
auch trocknes Holz darin zum Feuern
für ein gemütlich warmes Nest.

Ich wünsche euch ein frohes Fest!
Nehmt nur die Gaben nicht zu wichtig
und auch nicht, was ihr abends eßt!
Ihr seid dem Christkind Demut pflichtig.

Ich wünsche euch ein frohes Fest
und keinerlei Beschwerden,
ich wünsch' den Engel vom Podest
zu euch hinunter auf die Erden!

Ich wünsche euch ein frohes Fest!
Und plagt das Kind nicht mit Gedichten!
Seht lieber, wie sich's machen läßt,
den alten Streit zu schlichten!

Ich wünsche euch ein frohes Fest,
den Lichtschein überm Krippenstroh,
und daß in euren Blicken froh
sich Weihnachtsglanz noch spiegeln läßt!

Weihnachts-Frieden

Weihnachts-Frieden um uns her
– schöne, stille Stunde –
feiert in uns Wiederkehr
nach der alten Kunde.

Nicht in Kirchen nur aus Stein
will er wohlgehütet werden,
auch durch unser Wachsam-Sein
wirkt er weiter hier auf Erden.

Selber dürfen wir bestimmen,
ob er lebt in uns noch fort,
wenn wir uns zurückbesinnen
auf die Tat, die folgt dem Wort.

Was die Kerze spricht

Am Weihnachtstag die Kerze spricht:
Täuschet euch nicht,
wenn es ganz dunkel ist
und es ist stille,
dann ist mein Kerzenlicht
mehr als nur Weihnachtsidylle.

Dann will ich als stummes
und mahnendes Zeichen
euch mit der brennenden Frage erreichen,
ob ihr gleich mir, die ich nichts begehrt',
selber euch einmal für andre verzehrt
und euch ganz hingebt an meiner Stelle,
damit es bei Dunkelheit warm wird und helle.

Fabel vom wundergläubigen Strohhalm

Auf seinem Strohsack lag des Nachts ein armer Mann, den die Sorgen so sehr drückten, daß er keinen Schlaf finden konnte. Plötzlich hörte er einen der vielen kleinen widerborstigen Strohhalme sprechen: „Nicht verzweifeln, armer Mann! Vielleicht geschieht eines Tages doch noch ein Wunder. Man muß nur fest daran glauben. Sieh *uns* an, mich und alle meine Brüder: Sind wir doch nichts als die Spreu, von der man den Weizen getrennt hat, nutzlos und leer, geringgeschätzt und von jedem mißachtet. Wie könnten wir solch ein Leben ertragen ohne unseren festen Glauben an ein Wunder, das eines Tages unsere Lage ändern wird."

„So einfältig kann auch nur das Stroh daherreden", sagte der Mann. „Wem es so schlecht ergangen ist wie mir in meinem Leben, der glaubt nicht mehr an Wunder."

Als eine Zeit vergangen war, kam der Weihnachtstag heran. Müden Schrittes begab sich der arme Mann des Abends zur Kirche. Er ging bis zu den Stufen des Altars, wo die Heilige Familie aufgestellt war. Mit leuchtenden Farben bemalt standen die alten Figuren rings um die Krippe. Und das Christkind blickte ihn an mit einem seligen Lächeln. Der arme Mann aber wurde von Staunen ergriffen über das, was er plötzlich entdeckte:

Wer war es wohl, der dem göttlichen Kind am nächsten sein durfte, näher selbst als die Mutter Maria, als Josefs schützende Gestalt, als der Hirte auf seinem Knie und der Engel, der über allem schwebte? Wahrhaftig, es war das Stroh, dieses armselige Gestrüpp, das dem Christkind näher sein durfte als alle irdischen und himmlischen

Wesen, das Stroh, von dem es die Wärme empfing, ohne die es niemals so selig hätte lächeln können.

Es dauerte lange, bis der arme Mann dies begreifen konnte. Und als er sich in dieser Nacht auf sein Lager legte, das Lächeln des Kindes noch immer vor Augen, strich er zärtlich über seinen Strohsack. Nun konnte auch er wieder an Wunder glauben.

Heilige Nacht

Uns droht zu verwirren
die Fülle der Zeichen:
die Sterne, der Glanz
und die Schönheit des Baums.
In Wahrheit kann uns nur Wärme erreichen
in der Nähe des Stalls,
dieses einfachen Raums.
Erst hier wird das Wunder
uns wirklich zu eigen,
dem wir in Demut begegnen
mit Staunen und Schweigen.
Das Kind will uns segnen.

Friede den Menschen auf Erden

Rings um den Tannenbaum
reichen sich Kinder die Hände,
die schwarzen, die weißen, die braunen.
Sie träumen den uralten Menschheits-Traum,
es wären die Kriege zu Ende.

Rings um den Tannenbaum
singen die Kinder nun wieder,
die schwarzen, die weißen, die braunen,
mit glänzenden Augen und voller Vertraun
ihre fröhlichen Weihnachtslieder.

Ringsum im Erdenraum
laßt sie vergeblich nicht singen,
die schwarzen, die weißen, die braunen!
Haltet den Streit und die Feindschaft im Zaum
und hört auf die Botschaft, die Kinder uns bringen!

Vor der Jahreswende

Bald wird das Jahr die Monate entlassen,
die ihm gefolgt sind wie der zwölf Apostel Schar,
getreu bemüht, sich ihrem Meister anzupassen:
Voraus der kalte Januar.
Von Februar bis März, April,
da hielt das Jahr noch ganz hübsch still.
Im Mai, da ward es übermütig,
im Juni, Juli feuerblütig,
blieb im August besinnlich stehn,
um im September noch einmal sich umzudrehn,
zu sammeln voller Eifer ein
die Früchte und die Farben,
lud den Oktober zu sich ein
und ließ auch ihn nicht darben,
um im November, nebelschwer,
dem Licht geduldig zu entsagen,
voll Hoffnung auf die Wiederkehr,
wenn im Dezember Tannen Lichter tragen.

Abschied vom alten Jahr

Das Jahr glich einem Reiseführer
durch nahes und durch fernes Land.
Gewinner warst du und Verlierer
als Weltenbummler und Passant.

Viel Neues gab es zu erfahren.
Dein Schiff ging überall an Land.
Es hat das Jahr an Wunderbarem
dir vieles freundlich zuerkannt.

Nun sucht es sich von dir zu wenden.
Du hast's noch gar nicht recht bedacht.
Ein Traum löst sich aus deinen Händen,
bevor du noch aus ihm erwacht.

Zum Geleit

Das neue Jahr: Betrachte es mit neuen Augen,
vergleich es mit dem alten nicht!
Es mag zu mancherlei Erfüllung taugen,
wenn auch dein Zweifel heut' noch widerspricht.

Vielleicht gelingt's dir, etwas zu bewegen,
was du „unmöglich" vorher noch genannt.
Vielleicht verlockt es dich zu neuen Wegen,
die du bisher noch gar nicht recht erkannt.

Bring nur Bereitschaft ihm entgegen
und bleib ihm offen zugewandt,
laß alle Sinne neu sich regen:
Am Horizont zeigt sich schon neues Land!

Neujahrsspruch

Das neue Jahr fängt mit Verheißung an.
Du mußt die Möglichkeiten nur ergreifen.
Es ist nicht wahr, daß man nichts ändern kann.
Nur wer die Aussaat wagt von Anfang an,
dem läßt sie Gott am Ende reifen.

Dreikönigs-Geschichte

Zweimal schon hatten die Sternsinger, die noch am Abend unterwegs waren, an die Tür des bescheidenen Häuschens in der abgelegenen Gasse geklopft, ohne daß ihnen geöffnet wurde. „Laßt uns doch weitergehen!" sagte Balthasar ungeduldig, „diese alten Leute mag ich sowieso nicht." Aber die anderen beiden wollten nicht so schnell aufgeben. Bewegten sich doch zwei schmale Schatten hinter den Fenstern, die ihnen verrieten, daß jemand zu Hause sein mußte.

Drinnen brummelte die alte Frau zu ihrem Mann: „Du weißt doch, was jeden Tag passiert! Diebe und Betrüger sind unterwegs. Wir lassen niemanden herein, hörst Du?" Und der alte Mann, dessen Augen so schlecht waren, daß er nur noch mit großer Mühe durch das kleine Guckloch in der Tür sehen konnte, berichtete ihr: „Du magst recht haben, es scheinen Ausländer zu sein. Sogar ein Schwarzer ist dabei!" Vor lauter Angst stellten sie noch einen Stuhl vor die Tür und verhielten sich dann ganz still.

Kaspar und Melchior meinten, sie sollten einfach ihr Lied anstimmen, und Balthasar, der über die lauteste Stimme verfügte, setzte sogleich damit ein. Der Gesang der Jungen schien eine Art Zauberkraft auf den Haustürschlüssel auszuüben, der sich nach einer Weile, wenn auch etwas zögernd, im Türschloß drehte. Daraufhin öffnete sich die Tür, zwar nur einen Spalt breit, aber es genügte, daß Balthasar seinen langen Stab mit dem goldenen Stern hindurchschieben konnte. Sichtlich erleichtert und ehrlich erfreut wurden die Burschen nun willkommen geheißen. „Ihr müßt verstehen, daß wir Angst haben", sagte der Mann. „Wir sind alte Leute und können uns nicht wehren. Wir trauen uns schon kaum mehr aus dem Haus. Wir sind krank und schwach. Man läßt uns Alte ja allein mit unseren Problemen. Und was wir sagen, nimmt keiner mehr ernst."

Die Sternsinger durften sich an den kleinen Tisch setzen, auf dem eine Kanne mit Kräutertee stand, an dem sie sich etwas aufwärmen konnten. Kaspar und Melchior kramten aus ihren Hosentaschen ein paar Zimtsterne und Vanille-Plätzchen, die sie unterwegs geschenkt bekommen hatten und nun zum gemeinsamen Verzehr auf einen Teller legten.

„Warum seid ihr immer so mißtrauisch, sogar uns jungen Leuten gegenüber?" sagte Balthasar etwas vorwurfsvoll. „Jung zu sein ist auch nicht so rosig, wie Ihr vielleicht glaubt. Auch wir haben Probleme, die uns ganz schön zu schaffen machen.

Uns behandelt man so, wie man es sich mit Erwachsenen nie erlauben würde. Man nimmt uns genausowenig ernst wie Euch. Sie lassen uns gar nicht zu Wort kommen. Sie haben keine Zeit für uns."

„Die Schule ist auch nicht gerade leicht", warf Melchior ein, und Kaspar fügte aufgeregt hinzu: „Und Angst haben wir genauso wie Ihr. Vor Krieg, vor der Zerstörung der Umwelt und auch, weil sich keiner um uns kümmert."

Der alte Mann dachte lange nach, dann sagte er leise: „Eigentlich habt Ihr recht, da geht es Euch ja genauso wie uns." Plötzlich kam Balthasar eine Idee: Gemeinsam ließen sich die Probleme vielleicht besser lösen.

Und gleich wurde für die nächsten Tage ein richtiger Plan geschmiedet: Balthasar wollte das Einkaufen für die alten Leute übernehmen, Kaspar bot sich an zum Fensterputzen, der alte Mann wollte Melchior, der aus Portugal stammte und noch nicht so gut Deutsch sprechen konnte, ein wenig bei den Hausaufgaben helfen, und die alte Frau meinte, sie könne ja Tee kochen und für alle die Brote bereiten.

Als die Jungen singend weitergezogen waren, sagte der Mann zu seiner Frau: „Da hat uns doch der Dreikönigstag noch eine richtige Weihnachtsfreude beschert."

In Erwartung des neuen Jahres

Schickst du mir ein neues Jahr,
Herr, so dank' ich dir dafür,
daß du – groß und wunderbar –
hütest die verschloßne Tür,
daß du im geheimen hältst,
was ich noch nicht wissen muß,
was du bis zum guten Schluß
gnädig mir in Aussicht stellst.

Gibt es Anlaß, mich zu freun?
Ach, ich will geduldig sein.
Werde ich am Ende gar
unheilvoll betroffen
von dem fremden neuen Jahr?
Alle Wege sind noch offen,
und mein Stern steht groß und klar:
Er bestärkt mich neu im Hoffen

Die erfolgreichen Gedichtbände von Elli Michler

Erinnerst du dich?

Begegnungen und Erfahrungen

42 Gedichte mit humorvoll-nachdenklicher Lebensweisheit über prägende Begegnungen und Erfahrungen als Kraft zur Bewältigung des Lebens.

64 Seiten, 8 Farbfotos,
Pappband,
ISBN 3-7698-0739-1

Dein ist der Tag

Ermutigung zum Leben

Gedichte als Bekenntnis und Ermutigung zum Leben – im Jahreslauf durch die Tage des Lichts und des Dunkels.

64 Seiten, 8 Farbfotos,
Pappband,
ISBN 3-7698-0705-7

Zu beziehen
durch jede Buchhandlung.

Bitte fordern Sie
unsern Sonderprospekt an!

DON BOSCO
VERLAG
Sieboldstraße 11
81669 München

Im Vertrauen zu dir

Gedichte über die Liebe

Die eindringlichen, ermutigenden Texte helfen, das Vertrauen in die Zukunft und den Glauben an die Liebe wieder zu gewinnen.

2. Aufl., 72 Seiten, 7 Farbfotos, Pappband, ISBN 3-7698-0646-8

Die Jahre wie die Wolken gehn

Getrost in den Lebensabend

Humorvolle und doch ernsthafte Verse in einem frischen Stil. Ein wertvolles Stück Lebenshilfe.

4. Aufl., 80 Seiten, Pappband, ISBN 3-7698-0572-0

Wie Blätter im Wind

60 kraftvolle, meditative Gedichte, die Hoffnung und Geborgenheit vermitteln.

3. veränd. Aufl., 68 Seiten, 6 Farbfotos, Pappband, ISBN 3-7698-0772-3

Dir zugedacht

Wunschgedichte

Gute Wünsche in frischem Stil und einprägsamer Form. Ein ideales Geschenk mit Niveau, für zahlreiche Anlässe wie Krankenbesuch, Geburts- und Namenstag, Jubiläum, Weihnachten u.a.

10. Aufl., 56 Seiten, 6 Farbfotos, Pappband, ISBN 3-7698-0625-5

Für leisere Stunden

Gedichte und Gedanken

Mit diesen Texten führt uns Elli Michler ebenso sicher wie behutsam zu den leiseren Stunden des Lebens, den für uns dringend nötigen Atempausen der Seele in einer Zeit voller Hektik, Angst und Unruhe.

64 Seiten, 8 Farbfotos, Pappband, ISBN 3-7698-0764-2

Vom Glück des Schenkens

Gedichte über die Kunst des Schenkens für jeden, der anderen den Weg zur Freude an sinnvollem Schenken weisen möchte.

2. Aufl., 80 Seiten, 6 Farbfotos, Pappband, ISBN 3-7698-0654-9